Student und Alkohol

Vortrag gehalten am 21. Februar 1910

Leopold Loewenfeld

Alpha Editions

This edition published in 2022

ISBN : 9789356709669

Design and Setting By
Alpha Editions
www.alphaedis.com
Email - info@alphaedis.com

Student und Alkohol
Vortrag gehalten am 21. Februar 1910

Wenn man die Stellung der deutschen Studentenschaft der Gegenwart zur Alkoholfrage besprechen will, stößt man zunächst anscheinend auf eine Schwierigkeit. Es ist, als ob man die Stellung der Deutschen überhaupt zur Alkoholfrage behandeln wollte. Wir wissen aber, daß bei unseren lieben deutschen Mitbürgern alle Abstufungen und Variationen der Ansichten vertreten sind, die überhaupt in Bezug auf die Alkoholfrage vorkommen. Von den Anhängern der absoluten Abstinenz, die am liebsten die Alkoholproduktion aus der Welt schaffen würden, bis zu Jenen, die ihren höchsten Lebensgenuß im Trinken erblicken, finden wir bei den Angehörigen der deutschen Nation alle Übergänge, und ähnlich liegen die Dinge bei der Studentenschaft.

Und doch kann man nicht behaupten, daß die Studenten in Bezug auf die Alkoholfrage nichts Besonderes bieten und lediglich die verschiedenen Auffassungen der Gesamtbevölkerung vertreten. Bei näherer Betrachtung ergibt sich nämlich, daß bei einem großen Teile der deutschen Studenten, vielleicht gegenwärtig noch der Majorität derselben, eine Ansicht besteht, die in gleicher Weise nicht bei anderen Klassen der Bevölkerung ausgebildet ist, und der man deshalb eine gewisse Eigenart nicht absprechen kann. Diese Ansicht läßt sich ungefähr folgendermaßen formulieren:

Das Biertrinken bildet ein Attribut des Studententums; es gehört gewissermaßen zum Wesen des Studentseins. Der richtige Student trinkt Bier, und wenn er dabei auch gelegentlich über die Schnur haut, so ist dies von gar keiner Bedeutung. Diese Ansicht, so große Verbreitung sie auch noch derzeit besitzt, ist für den nüchtern Denkenden keineswegs ohne Weiteres verständlich. Die Assoziation von Studentsein und Biertrinken ist ja in der Natur der Sache nicht begründet, so daß sie Jedermann einleuchten müßte. Wir wissen, daß bei uns die schwer arbeitenden Klassen das Biertrinken für nötig halten, weil sie den irrtümlichen Glauben hegen, daß sie hierdurch allein die für ihre Arbeit nötige Kraft erlangen können. Wir wissen auch, daß gewisse Berufsarten, z. B. die des Gastwirtes, des Weinhändlers, den Genuß geistiger Getränke sozusagen mit sich bringen. Von etwas derartigem ist bei dem Studenten keine Rede. Es kann niemand behaupten, daß die berufliche Tätigkeit des Studenten, das Studium, besonderen Durst oder überhaupt einen Körperzustand hervorruft, der das Biertrinken nötig macht, oder daß letzteres die geistige Leistungsfähigkeit erhöht und damit das Studieren erleichtert. Man weiß zur Genüge, daß das Gegenteil der Fall ist. Die Assoziation von Studentsein und Biertrinken läßt sich auch nicht auf die Ansicht zurückführen, daß der Student als junger Mann Anspruch auf einen gewissen Lebensgenuß hat und ein solcher ohne Bierkonsum nicht möglich ist. Die Studenten in anderen Ländern, so insbesonders in England und Amerika, sind dem Lebensgenusse gewiß ebensowenig abhold wie die deutschen Studenten und halten hiefür das Biertrinken nicht für erforderlich. Soweit meine Kenntnis reicht, verzichtet auch die allerdings noch nicht sehr erhebliche Anzahl deutscher Studierender, die der Alkoholabstinenz huldigen, keineswegs auf die der Jugend gebührenden Freuden.

Wenn wir zu einer Erklärung der fraglichen Assoziation gelangen wollen, erübrigt uns daher nur, unseren Blick in die Vergangenheit zu wenden, d. h. wir müssen uns etwas mit der Geschichte des Studententums in Deutschland befassen und zusehen, wie sich die noch gegenwärtig in der Studentenwelt herrschenden Trinksitten und die damit zusammenhängenden Anschauungen entwickelt haben. Da ergibt sich nun folgendes:

Die Studenten wurden im Mittelalter, namentlich in den ersten Zeiten nach Gründung der deutschen Universitäten in strenger, fast klösterlicher Zucht gehalten. Unternehmungslustige Magister mieteten mit Erlaubnis der Universitätsbehörden Privathäuser, richteten sie entsprechend ein und warben dafür Scholaren als Mieter, denen sie Wohnung und Verköstigung boten. Alsbald wurde den Scholaren das Wohnen in den Bursen – so wurden die erwähnten Anstalten bezeichnet – sogar durch Universitätsstatut befohlen, und nur ausnahmsweise das Wohnen außerhalb einer Burse gestattet. In den Bursen wurde die Einhaltung einer strengen Hausordnung verlangt; die Studenten mußten sehr früh aufstehen, durften ohne Erlaubnis nicht ausgehen und die Nacht nicht außerhalb der Burse zubringen. Der Wirtshausbesuch war verboten. Die Verpflegung war eine sehr einfache; es wurde auch Bier gereicht, doch kaum in Mengen um Exzesse zu gestatten. Auch die Tracht war genau vorgeschrieben; dieselbe ähnelte der der Kleriker, und durch eine Reihe von Erlassen suchte man immer wieder diese Vorschriften einzuschärfen.

Trotz alledem mangelte es schon im Mittelalter nicht an Klagen über das Verhalten der Studenten, wobei auch Trinkexzesse eine Rolle spielten. Die Bursenvorsteher leisteten in der Überwachung der Scholaren nicht, was ihnen zukam; sie gestatteten aus Gewinnsucht ihren Pensionären, um sich dieselben möglichst zu erhalten, die größten Freiheiten und ließen jede Ungebühr passieren. So kam es, daß die Bursen allgemach einen geradezu verderblichen Einfluß auf das studentische Leben ausübten, und man beispielsweise das *Collegium illustre* in Tübingen eine Wohnung des Lasters und Müßiggangs nannte. Im 16. Jahrhundert verschwanden unter dem Einflusse der Reformation und des aufblühenden Humanismus die Bursen, die sich offenbar überlebt hatten. An den neugegründeten protestantischen Universitäten verzichtete man auf die Schaffung dieser Anstalten, und an den älteren wurden sie mehr und mehr aufgegeben. Die Studierenden nahmen zumeist bei Professoren eine Art Pension und erlangten das, was man die akademische Freiheit nannte. Allein der Gebrauch, den sie von dieser Freiheit machten, war in manchen Beziehungen, namentlich auch in bezug auf die Trinkgewohnheiten, kein sehr erfreulicher.

Man darf, wenn man das studentische Leben jener Zeit richtig würdigen will, nicht außer acht lassen, daß die Kultur der Gesamtbevölkerung Deutschlands damals noch sehr tief stand. Die Sitten waren roh, die Neigung zum Trinken, das Erbübel der germanischen Rasse, machte sich namentlich in Norddeutschland in ungezügelter Weise geltend, und Luther hatte wohl recht, wenn er den Ausspruch tat, daß derjenige, der das Bierbrauen erfand, *ille fuit pestis Germaniae.*

An einer besseren, gebildeten Gesellschaft, der sich die Studenten hätten anschließen können, mangelte es noch gänzlich, und so begreift es sich, daß die Studenten, die auf sich angewiesen waren, in ihren Sitten sehr verwilderten und sich dies insbesonders im Konsum geistiger Getränke äußerte. Während aber anfänglich jeder im Trinken seiner Neigung folgen konnte, trat schon im 16. und noch mehr im 17. Jahrhundert in den studentischen Trinkgebräuchen eine folgenschwere Änderung ein, deren Überreste noch heutzutage nicht überwunden sind. Es entwickelten sich gewisse Trinkmanieren, die sich zu einer Art Zechgesetz, einem Trink- oder Saufkomment ausbildeten, der in der Folge die geselligen Zusammenkünfte der Studenten beherrschte. Hiebei spielte das Zutrinken und Volltrinken eine solche Rolle, daß weltliche und geistliche Fürsten, sowie die akademischen Obrigkeiten Mandate dagegen erließen, was jedoch dem Unwesen wenig Einhalt tat.

Die älteste der Urkunden, die wir über die studentischen Trinkkomments besitzen, bildet das *Jus potandi* des *Blasius Multibibus* vom Jahre 1616. Darnach trank man schon damals »*totales* und *partiales*«, [6] man trank sich zu und mußte mit demselben Quantum Bescheid tun. Man trank auf Brüderschaft und ließ einen ungeheuren Becher »das römische Reich« die Runde machen; dazu wurden Kneiplieder gesungen. Diese Gestaltung nahmen die studentischen Trinksitten erst im 17. Jahrhundert an. Bier war der gewöhnliche Stoff, der bei den studentischen Gelagen konsumiert wurde, und daß es dabei an Uebermaß nicht fehlte, hiefür spricht nur zu deutlich eine Äußerung Abels »wohlerfahrener Leibmedikus derer Studenten«: »Jetztund währet das Saufen bis in die finstere Nacht; da trinket man erstlich aus Durst, darnach aus Wollust, dann zur Trunkenheit, und endlich bis alle Vernunft gebrochen und man ganz toll worden, ja dem unvernünftigen Vieh gleich.«

Bemerkenswert ist, daß, während die akademischen Behörden vielfach gegen die Trinkunsitten eiferten, einzelne Professoren dieselben aus Habsucht begünstigten, ja die bei ihnen in Pension sich befindenden Studenten zum Trinken sogar verleiteten. Insbesonders wurde hierüber in Jena geklagt. Dort hatten die Professoren das Recht, im Kollegienbrauhause das für ihre Familie und Hausgenossen nötige Bierquantum tranksteuerfrei herzustellen. Dies benützten einzelne Professoren dazu, daß sie neben ihrer akademischen Lehrtätigkeit das Gewerbe eines Schankwirtes ausübten und förmliche Zechstuben für die Studenten hielten. Selbst in den Hörsälen wurden geistige Getränke verabreicht und ein Wittenberger Visitationsdekret von 1616 lautet dahin, »daß aller Bier- und Weinschank im Juristenkolleg als einer uns an der Tranksteuer, daneben der Jugend und Bürgerschaft schädlicher Steuerung wieder abgeschafft und der Universität unter den Lektionen im großen Churfürstenkollegium Gäste zu setzen, keineswegs nachgelassen werden soll.« Es scheint demnach, daß man gelegentlich Hörsäle auch als Trinkstuben benützte. Auch das Branntweintrinken nahm allmählich unter den Studenten überhand.

Das studentische Kneipleben im 18. Jahrhundert fand im wesentlichen nicht in Wirtshäusern, sondern auf den Buden statt. Man nannte diese Kneipen »Hospiz«, da sie von dem Budenbesitzer, dem »Hospes« veranstaltet und geleitet wurden. Ursprünglich war der Hospes ein Pennäle (angehender Student), der seine Landsleute invitierte. Die Bewirtung begann mit Kaffee und Brötchen und ging dann zur eigentlichen Kneiperei über. Der Hospes war, falls er nicht das Amt einem erwählten Vizehospes abtrat, *eo ipso* Kneipwart und Präses, sein Abzeichen der Hausschlüssel, mit dem er *Silentium* gebot. Er hatte unbeschränkte Macht, konnte Jeden zu jedem beliebigen Quantum verdonnern und brauchte nur *pro libito* zu trinken, d. h. zu nippen. So blieb er imstande, seiner Verpflichtung als Wirt nachzukommen und konnte seine Absicht, alle Anwesenden »naß zuzudecken«, bequem erreichen. Man trank dabei auf das Wohl der Geliebten, und wenn zwei Zechgenossen auf dieselbe Dame Anspruch erhoben, so wurde die Sache durch Trinkduelle entschieden. Dem Hospes erstattete man den Dank durch Vortrinken von »Ganzen«, und so kam die Kneiperei gehörig in Zug. Ein tüchtiger Student mußte nach der damaligen Auffassung Bedeutendes im Biertrinken und im Tabakrauchen leisten.

Ende des 18. Jahrhunderts kamen neben dem Hospiz auch als »Kommers« oder »Kommersch« bezeichnete studentische Veranstaltungen auf, die einen etwas feierlicheren Charakter trugen. Dieser Charakter wurde am Anfang des 19. Jahrhunderts nach den Freiheitskriegen durch die Aufnahme des »Landesvaters« noch ausgeprägter. Man hatte nun zwei Arten geselliger Veranstaltungen, bei denen das Bier eine große Rolle spielte: die gewöhnliche Kneiperei, die anfänglich vorherrschend auf den Buden der Studierenden noch stattfand und erst allmählich, insbesonders mit der Entwicklung der studentischen Verbindungen in bestimmte Gastlokale (Kneipen genannt) verlegt wurde, und den Kommers mit seinen feierlichen Zutaten, die der Pflege des patriotischen Geistes dienten. Die aus den früheren Jahrhunderten überkommenen Trinksitten erhielten sich hiebei in erheblichem Maße (Vor- und Nachtrinken, Trinken von »Ganzen«, Trinken in der Runde &c.). Wie sich die Dinge im Verlaufe des letzten Jahrhunderts weiter gestalteten, hierauf weitläufig einzugehen, kann ich mir ersparen, da Ihnen die Hauptsache wohl bekannt ist.

Wenn auch die deutsche Studentenschaft im allgemeinen den Trinkgewohnheiten früherer Jahrhunderte mehr oder weniger huldigte, so waren es doch hauptsächlich die farbentragenden Korporationen, welche diese Sitten kultivierten und die Beachtung derselben als eine *conditio sine qua non* von ihren Mitgliedern verlangten. Eine entschiedene Änderung in dieser Hinsicht ist erst seit etwa 20 Jahren zu bemerken. Die Antialkoholbewegung und die Tätigkeit der Vereine gegen den Mißbrauch geistiger Getränke sind nicht ohne Einfluß auf das studentische Leben geblieben. Der Konsum geistiger Getränke ist, soweit meine Kenntnis reicht, in den studentischen Kreisen erheblich zurückgegangen. Auch in den Korporationen hat man, wie ich höre, die Trinkanforderungen herabgesetzt, und es soll in einzelnen derselben der Trinkzwang sogar schon beseitigt sein. Man hat offenbar auch in studentischen Kreisen bereits angefangen, die Schädlichkeit der ererbten Trinksitten mehr und mehr einzusehen, und diese Erkenntnis auch praktisch zu betätigen. Allein wie schon Eingangs erwähnt wurde, äußern bei der Majorität der Studentenschaft die von alters her übernommenen Trinksitten noch immer eine gewisse Herrschaft. Man hält an dem Irrglauben fest, daß mit dem Aufgeben dieser Gepflogenheiten die studentische Geselligkeit einen irreparablen Stoß erfahren und damit das studentische Leben einer seiner schönsten Seiten beraubt würde. Daß derartige Anschauungen sich noch bei einem so großen Teile der Studentenschaft erhalten konnten, ist m. E. wesentlich darauf zurückzuführen, daß die Hygiene keinen Unterrichtsgegenstand an den Gymnasien bildet und deshalb der junge Student zumeist ohne sachgemäße Aufklärung über die eminente hygienische und soziale Bedeutung der Alkoholfrage in das Universitätsleben eintritt. Er unterliegt daher dem suggestiven Einflusse der herrschenden Trinksitten und muß vielfach erst durch ungünstige persönliche Erfahrungen darüber belehrt werden, daß die vulgären, auch in den studentischen Kreisen noch so verbreiteten Anschauungen über den Alkoholgenuß irrtümlich sind.

Ich kann nicht unterlassen, hier zu erwähnen, daß man bei uns (in Bayern) maßgebenden Ortes bisher die Aufklärung der Gymnasialschüler über die Alkoholfrage eher zu verhindern als zu fördern geneigt war, und ich bin in der Lage, hiefür zwei prägnante Belege anzuführen. Einer meiner hiesigen Kollegen, Hofrat Dr. Theilhaber, unternahm vor einigen Jahren an einem Münchener Gymnasium die Gründung eines Alkoholabstinenzvereines, dessen Tendenz war, die Mitglieder nicht nur zur Abstinenz von geistigen Getränken anzuhalten, sondern auch durch Veranstaltungen von Ausflügen &c. an eine Geselligkeit ohne Biergenuß zu gewöhnen, gewiß ein löbliches, dem Gymnasialstudium nur förderliches Unternehmen. Und das Merkwürdige geschah: nach kurzem Bestehen wurde der Verein, der schon etwa 70 Mitglieder zählte, vom Rektorate, zweifellos auf höhere Weisung hin, aufgelöst.

Der zweite Fall ist nicht minder bezeichnend. Der hiesige ärztliche Verein richtete vor einigen Jahren an das Kultusministerium eine Zuschrift, in welcher er sich erbot, an den hiesigen Gymnasien Vorträge über Hygiene zu veranstalten, bei welchen natürlich auch die Alkoholfrage entsprechend behandelt worden wäre. Daraufhin erhielt der Verein vom Ministerium den Bescheid, er möge die beabsichtigten Vorträge in einem von ihm gemieteten Lokale abhalten, und die Gymnasialschüler könnten dann von ihren Rektoraten die Erlaubnis erwirken, den Vorträgen anzuwohnen. Der ärztliche Verein hat selbstverständlich diese Zumutung lediglich *ad acta* genommen.[1]

Wir ersehen aus dem Angeführten, daß die Trinksitten unserer akademischen Jugend keine Wurzel im modernen Leben und keinen Zusammenhang mit diesem haben. Sie bilden einen Ueberrest aus einer Periode der Sittenverwilderung und Unkultur, einen Ueberrest, der nicht wie so manches andere Altherkömmliche der Pflege würdig ist, sondern endlich aufgegeben werden sollte angesichts des Umstandes, daß dem Studierenden heutzutage, namentlich in den größeren Universitätsstädten, höhere, der geistigen und körperlichen Gesundheit förderlichere Genüsse zu Gebote stehen als die alkoholischen.

M. D. u. H. Die kurze mir zur Verfügung stehende Zeit, gestattet mir selbstverständlich nicht, die verschiedenen Seiten der so wichtigen Alkoholfrage auch nur flüchtig zu berühren. Ich muß mich darauf beschränken, auf einige für Sie besonders wichtige Punkte hinzuweisen. Wenn wir die Wirkungen des Alkohols in Betracht ziehen, so stoßen wir auf zwei Reihen von Tatsachen, die wenn auch scheinbar entgegengesetzter Natur, doch innig zusammenhängen. Man könnte, um ein Bild zu gebrauchen, sagen, diese Tatsachen sind auf zwei Seiten eines und desselben

Blattes verzeichnet. Auf der einen Seite finden wir Alles Schöne und Gute, das man dem Alkohol zuschreibt, auf der anderen Seite alle Mißstände und Übel, alles Elend, das auf den Alkohol sich zurückführen läßt. Betrachten wir uns zunächst das Schöne und Gute, die Annehmlichkeiten und Vorteile, die der Alkoholgenuß bringen soll. Diese sind es ja auch, welche die ungeheuere Verbreitung des Alkoholgenusses von den ältesten Zeiten bis zur Gegenwart bewirkt haben. Man rühmt dem Alkohol nach, daß er die geistige Tätigkeit anregt, den Geist sozusagen flüssiger macht, daß er ein Gefühl des Wohlbehagens und erhöhter Kraft erzeugt, daß er die Stimmung hebt, Frohsinn hervorruft, die düsteren Seiten des Lebens aus dem Bewußtsein verdrängt und dadurch auch die Sorgen verscheucht – er ist ja der Sorgenbrecher *par excellence* –, daß er die sogenannte Gemütlichkeit und die Geselligkeit fördert, und dadurch die Menschen einander näher bringt. Man hat auch behauptet, daß er die Fantasie des Dichters und des bildenden Künstlers anregt und dadurch deren Produktivität in günstiger Weise beeinflußt. Es ist nun keineswegs zu leugnen, daß diese Behauptungen wenigstens zum großen Teile der Wahrheit entsprechen. Aber unsere Schätzung der Vorteile und Annehmlichkeiten des Alkoholgenusses muß eine wesentliche Einbuße erfahren, wenn wir zusehen, auf welche Weise dieselben zustande kommen. Sind die seelischen Veränderungen, welche der Alkohol herbeiführt, ein Geschenk, eine Wohltat, für die keine Kompensation geleistet werden muß, oder haben wir für dieselben zu bezahlen mit einer Einbuße an unserem psychischen Vermögen? Die Erfahrungen des täglichen Lebens wie die experimentellen Forschungen der Neuzeit lassen hierüber keinen Zweifel. Um es vorweg kurz und brüsk zu sagen, die Annehmlichkeiten, die wir dem Alkohol verdanken, müssen erkauft werden durch eine Herabsetzung unseres intellektuellen Niveaus, die bei den höheren Graden der Alkoholintoxikation bis zur Verblödung sich steigert. Wenn ein Mensch eine Heiterkeit in sich fühlt und nach Außen dokumentiert, für welche in seinen Verhältnissen kein Grund besteht, wenn er ohne äußere Ablenkung seine Sorgen, d. h. die für ihn wichtigsten Angelegenheiten vergißt, wenn er gesprächiger wird, als es seiner Gewohnheit entspricht, und die im geselligen Verkehre beobachtete Reserve aufgibt (gemütlich wird), so weist dies darauf hin, daß bei ihm die höchsten psychischen Leistungen eine Verringerung erfahren haben. Manches zu dem Wohlbehagen und der gehobenen Stimmung des Trinkenden mag die durch den Alkohol bewirkte erleichterte Auslösung von Bewegungsimpulsen beitragen. Ungleich bedeutungsvoller für das psychische Verhalten des Trinkers ist jedoch der Umstand, daß unter dem Einflusse des Alkohols, und zwar schon bei recht mäßigen Gaben, das Bewußtsein seiner Lebenslage und damit auch der regulierende Einfluß desselben auf sein Denken und Handeln – die höchst stehende psychische Leistung – abgeschwächt wird. So erklärt es sich, daß der Schweigsame redselig, der Trockene scheinbar witzig, der

Zaghafte waghalsig, der Skeptische gläubig und vertrauensvoll wird. Aber dieses Plus an psychischer Aktivität bedeutet keine Überlegenheit des Trinkers, sondern in Wirklichkeit eine Inferiorität desselben, da sie auf einem Ausfall hemmender Momente beruht. Neben den höchststehenden werden auch die einfacheren psychischen Vorgänge, wie durch eine Überfülle von Experimenten, insbesondere durch die Untersuchungen Kraepelins und seiner Schüler, erwiesen ist, durch den Genuß schon sehr mäßiger Alkoholmengen verschlechtert (Schnelligkeit der Reaktion auf einen bestimmten Sinneseindruck, des Lesens, Addierens, des Auswendiglernens &c.). Wichtiger aber als diese an sich gewiß beachtenswerte Tatsache ist der Umstand, daß die durch den Alkohol bewirkte Herabsetzung der intellektuellen Leistungsfähigkeit sich nicht auf die Zeit des Genusses beschränkt, sondern, und zwar auch bei Gaben, die man allgemein noch als ganz mäßig betrachtet (60–80 ccm Alkohol = 2 l Bier), sich auf einen Zeitraum von 24 und mehr Stunden erstrecken mag. Für Sie ergibt sich hieraus der gewiß sehr zu berücksichtigende Umstand, daß ein Studierender, der gewohnheitsmäßig Tag für Tag 2 l Bier konsumiert, – dies ist ein Fall, der gewiß sehr häufig vorkommt –, seine geistige Arbeitskraft in einem Zustande andauernder Verminderung erhält.

Wie Sie ersehen, ist der habituelle, sogenannte mäßige Alkoholgenuß für den geistig Arbeitenden keine ganz gleichgiltige Sache. Daß die Unmäßigkeit in *alcoholicis* viel üblere Folgen hat, ist Ihnen wohl zur Genüge bekannt. Sie verringert nicht nur die Arbeitsfähigkeit in höherem Maße, sie führt auch zu einem Sinken des moralischen Niveaus, einer Abschwächung des Ehr- und Pflichtgefühls, einer Vernachlässigung der Rücksichten, die man seiner Stellung, seiner Familie und seinem Stande schuldet. An der Verbummelung von Semestern mit ihren unliebsamen Folgen, an den Durchfällen und schlechten Resultaten bei den Prüfungen, an dem gänzlichen Scheitern so mancher studentischen Existenz hat der Alkohol zweifellos den Hauptanteil, und auch diejenigen Studierenden, welche die ihnen durch den Alkohol zugefügte Schädigung ihrer Arbeitskraft durch große Willensanspannung allmählich überwinden, haben in ihrem späteren Leben häufig genug noch unter den Folgen ihres allzu flotten Studentenlebens zu leiden.

Was nun die dem Alkohol zugeschriebene anregende Wirkung auf die Produktivität der Dichter und bildenden Künstler anbelangt, so beruht dieselbe im wesentlichen auf einer Täuschung. Es mag wohl sein, daß durch den Alkohol im Einzelfalle die Fantasie zu lebhafterer Tätigkeit angeregt wird, allein damit wird noch nicht die Schaffung eines Kunstwerkes erleichtert. Die unter dem Einflusse des Alkohols entstandenen Geistesprodukte sind minderwertig, da an ihnen die erforderliche Kritik nicht geübt wird. Altmeister Goethe hat über diesen Sachverhalt keinen

Zweifel gelassen. In seinen Gesprächen mit Eckermann bemerkt er bezüglich des dramatischen Dichters: »Wollte er (der dramatische Dichter) durch geistige Getränke die mangelnde Produktivität herbeinötigen, die unzulängliche dadurch steigern, so würde dies allenfalls auch wohl gehen, allein man würde es allen Szenen, die er auf solche Weise gewissermaßen forciert hätte, zu ihrem großen Nachteile anmerken.«

Bezüglich seines großen Freundes Schiller bemerkt er: »Er hat nie viel getrunken, er war sehr mäßig; aber in solchen Augenblicken körperlicher Schwäche suchte er seine Kraft durch Likörs oder ähnliches Spirituoses zu steigern. Das aber zehrte an seiner Gesundheit und war auch der Produktion selbst schädlich, denn was gescheute Köpfe an seinen Sachen aussetzen, leite ich aus dieser Quelle her.«

Unter den Dichtern der Gegenwart hat eine ganze Anzahl sich sehr absprechend über den Einfluß des Alkohols auf das poetische Schaffen geäußert.

Mit der Einwirkung des Alkohols auf die Muskelkraft verhält es sich ähnlich wie mit der auf die intellektuelle Leistungsfähigkeit. Bei uns besteht zwar noch in weiten Volkskreisen, insbesondere in der Arbeiterschaft, der Glaube, daß der Alkohol die Muskelkraft steigere und deshalb die Verrichtung körperlicher Arbeit erleichtere. Bei unserer biertrinkenden Bevölkerung kommt noch die Meinung dazu, daß das Bier eine Art flüssiger Nahrung darstelle und der schwer Arbeitende beim Verzicht auf dessen Genuß der Entkräftung ausgesetzt sei.

Indes haben auch hier die wissenschaftlichen Untersuchungen wie die praktischen Erfahrungen an den verschiedensten Klassen von Individuen über allen Zweifel dargetan, daß der erwähnte Glaube ein Irrglaube ist. Der Alkohol ist nur vorübergehend imstande, die Muskelkraft zu steigern und das Ermüdungsgefühl zu beseitigen. Auf diese vorübergehende Anregung folgt eine dauernde Herabsetzung, die mit Steigerung des Ermüdungsgefühls einhergeht. Der Alkohol gleicht in seinen Wirkungen auf den Organismus der Peitsche, die vorübergehend bei dem ermüdeten Tiere einen erhöhten Kraftaufwand herbeiführt, aber nicht dem Hafer, der nachhaltig die Kraft steigert. Diese Tatsachen sind auch bereits seit längerer Zeit, wenigstens in den Kreisen des gebildeten Publikums zur Genüge bekannt und verwertet worden. Wer sich für irgend einen Sport trainiert und seine physische Leistungsfähigkeit möglichst steigern will, enthält sich alkoholischer Getränke. Sie alle wissen auch, daß man bei größeren anstrengenden Radtouren, bei schwierigen Bergbesteigungen, insbesonders Hochtouren, welche andauernde Kraftleistungen erheischen, sich des Alkohols enthalten muß, und unsere Heeresleitung hat bereits seit einigen Jahren in der Manöverzeit den Truppen den Genuß geistiger Getränke während der

Märsche aus guten Gründen untersagt. Man hat auch die Erfahrung gemacht, daß die Strapazen im tropischen wie im arktischen Klima ungleich leichter von Alkoholabstinenten als von Trinkern ertragen werden.

Wenn demnach der Glaube, daß der Alkohol die körperliche Leistungsfähigkeit erhöht, auf Täuschung beruht, so steht es nicht viel besser mit der bei uns so viel verbreiteten Ansicht, daß das Bier ein für den Arbeiter unentbehrliches flüssiges Nahrungsmittel sei. Das Bier repräsentiert allerdings, was bei dem Alkohol an sich nicht der Fall ist, ein Nahrungsmittel, soferne es etwa 4% Zucker und 0,7% Eiweiß enthält. Allein der im Bier enthaltene Alkohol vermindert wie der Alkohol überhaupt die Arbeitskraft, und der Nährwert des Bieres ist im Verhältnisse zu seinem Preise so gering, daß man dessen Verwendung als Nahrungsmittel seitens der Arbeiterklasse nur als ungeheuerliche Verschwendung betrachten kann. Das Bier ist bei Zugrundelegung der bayerischen Bierpreise 5mal teurer als Weißbrot, 8mal teurer als Schwarzbrot und 18mal teurer als Kartoffel.

Wenn die Herabsetzung der geistigen und körperlichen Arbeitskraft durch den Alkohol auch einen nicht zu unterschätzenden Schaden für das Individuum bedeutet, so ist dieselbe doch noch mit einem Körperzustand vereinbar, der keine auffällige Abweichung von der Gesundheit darbietet. Allein bei einer sehr großen Anzahl von Trinkern kommt es früher oder später zu Gesundheitsstörungen, die auf den gewohnheitsmäßigen Alkoholgenuß allein oder z. T. zurückzuführen sind. Diese Folge tritt zwar vorwaltend, aber doch keineswegs ausschließlich in den Fällen ein, in welchen es sich um Unmäßigkeit im landläufigen Sinne, d. h. häufige Berauschung oder habituellen Konsum ungewöhnlich großer Alkoholmengen ohne solche Folgen handelt.

Unter den Krankheitszuständen, die durch alkoholische Exzesse herbeigeführt werden, hat von jeher die als Säuferwahnsinn (*delirium tremens*) bezeichnete Geistesstörung besondere Aufmerksamkeit erregt, und man betrachtet dieselbe vielfach als die häufigste oder gewöhnliche Folge der Unmäßigkeit in *alcoholicis*. Das *Delirium tremens* spielt jedoch unter den gesundheitlichen Schäden, die auf den Alkohol zurückzuführen sind, keineswegs die Hauptrolle, obwohl dasselbe kein seltenes Vorkommnis bildet. Wir begegnen dieser Geistesstörung in den Ländern, in welchen der Schnapskonsum in den unteren Klassen vorherrscht, weit häufiger als bei unserer Bier trinkenden Bevölkerung. Wir haben dafür dem Alkohol eine andere Bescherung zu danken, das Bierherz, eine von Bollinger zuerst näher beschriebene Vergrößerung und Entartung des Herzens, die auf den habituellen Genuß sehr großer Bierquantitäten zurückzuführen ist. Über die Häufigkeit des *Delirium tremens* und des chronischen Alkoholismus gibt das statistische Jahrbuch für den preußischen Staat eine gewisse Auskunft. In den allgemeinen Krankenhäusern und Irrenanstalten Preußens wurden im Jahre 1902 13994 Männer und 912 Frauen an Säuferwahnsinn und chronischem Alkoholismus behandelt. Hiemit ist jedoch nur ein Teil der durch den Alkohol verursachten oder mitverursachten Geistesstörungen berührt. Die Irrenärzte schätzen die Zahl der in den Irrenanstalten verpflegten Geistesgestörten, an deren Erkrankung der Alkohol einen Anteil hat, auf 25–40% der Anstaltsinsassen, und man darf daher annehmen, daß von 150000 in deutschen Anstalten verpflegten Irren bei etwa 50000 der Alkohol als Krankheitsursache allein oder neben anderen Momenten wirksam war. In der hiesigen psychiatrischen Klinik fanden im Jahre 1905 1373 Personen Aufnahme, darunter 836 Männer, 537 Frauen; die alkoholischen Psychosen betrugen bei den Männern 30,3, bei den Frauen 5,6% der Gesamterkrankungen. Das *Delirium tremens* war nur in 10% der Alkoholpsychosen vertreten.

Wie auf das Gehirn übt der Alkohol auch auf das Rückenmark und die peripheren Nerven seinen schädigenden und zerstörenden Einfluß aus, und so begreift es sich, daß neben den Geistesstörungen und Neurosen (*Epilepsie*) alkoholischer Provenienz, auch viele andere Nervenkrankheiten gleichen Ursprungs vorkommen. Neben dem Nervensystem unterliegen der Verdauungsapparat, das Cirkulationssystem und die Niere ungemein häufig schweren und schwersten Schädigungen durch den Alkohol, die zum großen Teile zum tötlichen Ausgange führen. Im Magen und Darm kommt es unter dem Einflusse des Alkoholmißbrauches zu tiefgreifenden und überaus hartnäckigen katarrhalischen Zuständen, die Leber erkrankt in Form einer chronischen in Schrumpfung ausgehenden Entzündung, die schweres Siechtum und schließlich den Tod herbeiführt. Das Herz wird von Hypertrophie und Entartung befallen, eine Veränderung, die wie wir schon erwähnten, besonders häufig in unserem lieben München gefunden wurde (das Bierherz Bollingers), die Gefäße unterliegen der als Verkalkung gemeinhin bezeichneten Erkrankung, die durch Schlaganfälle oft zu frühem Ende führt. Die Nieren werden wie die Leber Sitz einer chronischen unheilbaren Entzündung, die den gleichen Ausgang wie das Leberleiden zur Folge hat.

Auch an der Verursachung der Stoffwechselkrankheiten, der Gicht und Fettsucht, insbesondere aber auch der Zuckerkrankheit, hat der Alkohol einen großen Anteil. Damit ist jedoch die körperliche Schädigung, welche der Alkoholmißbrauch bedingt, noch nicht umgrenzt. Bei den Trinkern finden wir in der Regel eine verminderte Widerstandsfähigkeit des Gesamtorganismus, die sich bei interkurrenten Erkrankungen verschiedenster Art, insbesondere fieberhaften, bei Wunden und operativen Eingriffen, sowie in erhöhter Disposition zu Infektionen, speziell zur

Tuberkulose kundgibt. Trinker sind durch ernstere Erkrankungen jeder Art mehr gefährdet als nüchterne Individuen, sie überstehen Narkosen und Operationen schwerer und verfallen der Tuberkulose häufiger.

Der Mißbrauch des Alkohols hat aber auch noch andere Gefahren für Gesundheit und Leben im Gefolge. Er spielt unter den Ursachen der Unfälle eine ganz hervorragende Rolle. Wie häufig Angetrunkene durch Unvorsichtigkeit schwere Verletzungen sich zuziehen, selbst ums Leben kommen, ist bekannt. Allein auch die Nachwirkungen von Alkoholexzessen führen oft zu einer Vernachlässigung von Vorsichtsmaßregeln und damit zu Unfällen, und darauf ist es zurückzuführen, daß in industriellen Etablissements an Montagen die Zahl der Unfälle am größten ist. Auch der sogenannte mäßige Genuß geistiger Getränke ist nicht ohne Einfluß auf die Herbeiführung von Unfällen, und unsere Verkehrsverwaltung hat sicher weise gehandelt, indem sie dem Zugpersonale den Konsum geistiger Getränke während der Fahrzeit untersagte. Könnte man den Schaden, den der Alkohol direkt und indirekt an Gesundheit und Leben herbeiführt, genauer umgrenzen, es würde sich ein Tatbestand ergeben, der auch viele Alkoholfreunde erschrecken müßte. Und dabei ist noch besonders bedauerlich, daß der Alkohol nicht lediglich in den unteren Volksklassen, der Masse der Ungebildeten, seine Opfer findet. Auch in den Kreisen der intellektuell Höherstehenden und Gebildeten, bei denen man mehr Einsicht und Selbstzucht erwarten sollte, führt der unglückliche Hang für Alkoholfreuden, die Liebhaberei für feucht-fröhliche Geselligkeit keineswegs selten zu Siechtum und Tod. Dazu kommt nun noch, daß der gesundheitliche Schaden, den der Trinker sich zufügt, sich nicht auf seine Person beschränkt. Es ist zur Genüge bekannt, daß die Nachkommenschaft der Trinker zum großen Teile mit körperlichen und geistigen Defekten behaftet, schwächlich, kränklich und einem frühen Untergange geweiht ist. Selbst ein einmaliger Rausch kann für den in diesem Zustand erzeugten Sprößling verhängnisvoll werden.

Einen anderen Abschnitt in dem Verzeichnisse des Elends, das der Alkohol der Menschheit beschert, bildet der Anteil desselben an der Kriminalität. Ich kann mich in bezug auf diesen Punkt kurz fassen. Man hat berechnet, daß bei etwa ⅓ aller Straftaten, die im Deutschen Reiche alljährlich zur Verurteilung gelangen, das ist bei etwa 180000 Delikten, der Alkohol eine Rolle spielte. Was diese Verurteilungen an materiellem und moralischem Schaden für die betreffenden Individuen und ihre Familien bedeuten, bedarf keiner weiteren Ausführung. Besonders prägnant zeigt sich der Einfluß des Alkohols bei den schweren Körperverletzungen, und man darf getrost behaupten, daß diese zum größten Teile mit Alkoholexzessen in Zusammenhang stehen. Der Anteil der Studentenschaft an der Kriminalität ist erfreulicherweise ein geringer, wenn man von nächtlichen Ruhestörungen, Sachbeschädigungen &c. absieht, die ja auch nicht selten recht unliebsame Folgen haben. Dafür kommt jedoch bei der Studentenschaft ein anderes sehr bedauerliches Moment in Betracht – das sind die Ehrenhändel mit ihrem Gefolge von Duellen, die sicher weit überwiegend auf Angetrunkenheit des einen oder beider Beteiligten zurückzuführen sind.

An die Verbrechen, die dem Einflusse des Alkohols zuzuschreiben sind, reihen sich die von unseren Strafgesetzen nicht erreichbaren unmoralischen Handlungen der Trinker an, unter deren Folgen die Angehörigen derselben zu leiden haben. Der Trinker vernachlässigt seinen Beruf, seine Arbeit, vergeudet seinen Verdienst oder sein Einkommen in Spirituosen, während er seine Familie darben läßt, mißhandelt Frau und Kinder, eignet sich nicht selten sogar den Verdienst der Frau an, um seinem Laster zu fröhnen. Unsagbar ist das Elend, das über viele Arbeiterfamilien durch die Trunksucht des Ehemanns heraufbeschworen wird. Aber auch in den besser situierten Klassen führt die Unmäßigkeit des Familienoberhauptes gewöhnlich zu den traurigsten Verhältnissen; das Gleiche gilt natürlich für die Trunksucht der Frau.

Sie können hier nun einwenden: über die traurigen Folgen der Unmäßigkeit in *alcoholicis* besteht allerdings kein Zweifel, damit ist jedoch bezüglich des mäßigen Alkoholgenusses nichts bewiesen. Sie können ferner darauf hinweisen, daß eine sehr große Anzahl von Personen beider Geschlechter bei mäßigem Alkoholgenuß ein sehr hohes Alter erreicht und Gesundheit und Arbeitsfähigkeit bis in das Alter hinein sich erhalten hat. Sie können ferner in bezug auf die geistige Arbeitskraft noch erwähnen, daß die hervorragendsten Männer unserer Nation Luther, Schiller, Goethe, Kant, Schopenhauer, Bismarck keine Anhänger der Alkoholabstinenz waren. Hieraus könnte anscheinend gefolgert werden, daß die Abstinenz in *alcoholicis* gegenüber der andauernden Mäßigkeit in bezug auf Gesundheit und Arbeitskraft keinen Vorteil biete. Doch wäre diese Folgerung ein Irrtum. Zunächst haben wir zu berücksichtigen, daß man eine genaue Definition dessen, was man unter mäßigem Alkoholgenuß zu verstehen hat, nicht geben kann, weil die individuelle Widerstandsfähigkeit gegen die Einwirkungen des Alkohols zu verschieden ist. Der Eine mag durch den Konsum von 2–3 Glas Bier bereits in einen Zustand von Angeheitertheit geraten, der bei einem Anderen (einem Trinkfesten) nach dem Konsum des vierfachen dieses Quantums noch nicht eintritt. Die vulgäre Anschauung geht dahin, daß die Unmäßigkeit erst da beginnt, wo das »Zuviel«, d. h. das Berauschtsein mehr oder minder deutlich sich geltend macht, oder auch ganz außergewöhnlich große Alkoholmengen gewohnheitsmäßig konsumiert werden. Soll nun der, von 2–3 Glas Bier Angeheiterte als unmäßig, der nach Genuß von 12 Glas

Bier noch nüchtern Scheinende als mäßig gelten? Die unselige Idee, daß man dasjenige Quantum, welches noch keine deutlichen Zeichen von Berauschung hervorruft, ob es größer oder kleiner ist, noch als mäßig und deshalb als hygienisch harmlos betrachtet, hat die Folge, daß zahllose Menschen sich durch ihre alkoholischen Gewohnheiten gesundheitlich schädigen, ohne daran zu denken, daß bei ihnen etwas derartiges vorliegt. Wenn wir für die Bestimmung der Mäßigkeit an Stelle des Nüchternbleibens einen anderen Gesichtspunkt, die Vermeidung gesundheitlicher Nachteile verwerten wollen, so stoßen wir auf ähnliche Schwierigkeiten. Der gewohnheitsmäßige Gebrauch kann lange Jahre hindurch scheinbar ohne nachteiligen Einfluß auf den Organismus bleiben, und dann kommt es doch noch zur Entwicklung von Krankheiten, die auf den Alkoholgenuß allein oder neben anderen Momenten zurück zu führen sind. Dies gilt insbesonders für die Erkrankungen des Herzens und der Gefäße, der Nieren, die Gicht und die Fettsucht. Das gleiche Quantum, das in dem einen Falle bis in die 60er und 70er Jahre ohne erkennbaren gesundheitlichen Schaden konsumiert wird, führt in einem anderen Falle schon in den 50er Jahren, wenn nicht früher zu einer Erkrankung oder begünstigt die Entwicklung einer solchen.

Sie sind nun in der Lage zu beurteilen, was man von dem Erwerb einer gewissen Trinkfestigkeit zu halten hat, die man namentlich in korpsstudentischen Kreisen als nötig erachtet, damit der Student in jeder Gesellschaft seinen Mann stellen kann und auch bei größerem Alkoholkonsum seiner Direktion nicht verlustig geht. Die Trinkfestigkeit bedeutet nicht eine erhöhte Widerstandsfähigkeit des ganzen Organismus gegen Alkoholeinwirkung, sondern lediglich eine gewisse Angewöhnung des Gehirns an größere Alkoholmengen. Bei der ausgesprochensten Trinkfestigkeit kann aber der Organismus durch den habituellen Alkoholkonsum den schwersten Schaden erleiden. Ein recht bezeichnendes und lehrreiches Beispiel liefern die Arbeiter im Braugewerbe und die ihnen nahestehenden Geschäftsleute. Die hiesigen Braugehilfen erhielten in meiner Jugendzeit noch 16 bis 18 l Bier täglich, und tranken dieses Quantum jedenfalls zum größten Teile. Sie waren selbstverständlich sehr trinkfeste Leute, und dabei auch gewöhnlich von Haus aus von robuster Konstitution, da man schwächliche Individuen im Braugewerbe kaum verwenden kann. Und doch hat die Erfahrung gelehrt, daß ein großer Teil dieser kräftigen Menschen bereits in den 40er Jahren zu Grunde ging, und zwar namentlich an Herzleiden, die zweifellos durch den täglichen Bierkonsum der Betreffenden verursacht wurden.[2]

Ich selbst hatte Gelegenheit, einen Bierwirt zu behandeln, der während eines Zeitraums von 20 Jahren täglich 18–20 l Bier ohne irgendwelche Berauschung zu sich genommen hatte. Er starb ebenfalls Ende der 40er Jahre und es fand sich bei ihm das Münchener Bierherz in ausgeprägtester Form.

Diese Herzerkrankung entsteht nicht über Nacht, sie entwickelt sich in schleichender Form. Die Aufnahme so großer Flüssigkeitsmengen, wie sie der frühere tägliche Bierkonsum der hiesigen Braugehilfen mit sich brachte, bedingt eine bedeutende Vermehrung der Herzarbeit. Diese verursacht zunächst eine Hypertrophie der muskulösen Wandungen des Organs, die bei Fortdauer der enormen Flüssigkeitszufuhr unter dem toxischen Einflusse des Alkohols allmählich in Entartung übergeht, einen Zustand, der früher oder später zur Erlahmung des Herzens führt.

In schleichender Weise entwickeln sich auch die sogenannte Arterienverkalkung, die Leber- und Nierenleiden der trinkfesten Trinker. In beklagenswerter Verblendung fahren diese mit ihren alkoholischen Gewohnheiten fort, bis ein Stadium der Erkrankung eintritt, das keinen Zweifel mehr über die schädigende Wirkung ihrer Trinkgewohnheiten läßt. Die Einsicht, die damit gewonnen wird, und die Einschränkung des Alkoholgenusses oder gänzlicher Verzicht auf denselben hält aber dann oft den schlimmen Ausgang des Leidens nur wenig auf.

Wir sind also nicht in der Lage, anzugeben, welches Quantum Alkohol, wenn wir von ganz kleinen Mengen absehen, bei andauerndem täglichem Genusse sicher ohne schädigenden Einfluß auf den Organismus bleibt, und deßhalb ist die Abstinenz vom hygienischen Standpunkte aus, der Mäßigkeit in *alcoholicis* entschieden vorzuziehen. Dies ergibt sich auch aus den Tatsachen, welche mehrere englische Lebensversicherungsgesellschaften bezüglich der Lebensdauer und der Häufigkeit der Erkrankungen bei Abstinenten und mäßigen Trinkern ermittelt haben. So ergab sich bei der englischen Lebensversicherungsgesellschaft *Sceptre*, daß bei den von ihr versicherten Abstinenten in einem Zeitraum von 5 Jahren nahezu 19% weniger Todesfälle vorkamen als bei den versicherten Nichtabstinenten, obwohl auch diese sich zum großen Teile aus Personen zusammensetzten, bei denen man entschiedene Mäßigkeit voraussetzen kann.

Eine andere englische Lebensversicherungsgesellschaft »*Temperance and General Provident Institution*« hatte bei den Abstinenten sogar 29% weniger Todesfälle als bei den übrigen Versicherten. Ebenso ergab ein Vergleich der Krankheitswochen bei den Mitgliedern verschiedener Krankenkassen, daß die Abstinenten bedeutend weniger von Erkrankungen heimgesucht wurden, als die Nichtabstinenten. Die Zahl der Krankheitswochen betrug für den Zeitraum von fünf Jahren bei den *Sons of Temperance* (Abstinenten) 7,48 Wochen, bei nicht abstinenten Kassenmitgliedern 24,68 bis 27,66 Wochen. Diese Zahlen sprechen sehr deutlich, und der Hinweis auf die Hochbetagten, die täglich ein gewisses Bier- oder Weinquantum zu sich nehmen, wird dadurch der Beweiskraft bezüglich der Unschädlichkeit mäßigen Alkoholgenusses völlig beraubt. Die Betreffenden sind eben Individuen, die entweder eine ungewöhnliche Resistenz gegen die Alkoholwirkung oder, was wahrscheinlicher ist, überhaupt eine ungewöhnlich robuste Konstitution besitzen, und aus ihrem Verhalten läßt sich daher keine Folgerung für den Durchschnitt ziehen.

Was nun den Einfluß des Alkohols auf die Arbeitskraft der geistig Höchststehenden betrifft, so gibt man sich einer Täuschung hin, wenn man denselben für völlig irrelevant hält. Eine gewiß in dieser Sache kompetente Persönlichkeit, Altmeister Goethe, hat uns in einer jeden Zweifel ausschließenden Weise darüber belehrt, daß auch bei den größten Geistern der nachteilige Einfluß des Alkohols auf die Arbeitskraft ähnlich wie beim Durchschnittsmenschen sich äußert. In seinen Tagebüchern vom Jahre 1779 (Goethe war damals 30 Jahre alt), ist bemerkt: »Seit drei Tagen keinen Wein. Man könnte noch mehr, ja das Unglaubliche leisten, wenn man mäßiger wäre.« Und an einer anderen Stelle: »Wenn ich den Wein abschaffen könnte, wäre ich glücklich. Ich trinke fast keinen Wein mehr und gewinne fast täglich mehr Blick und Geschick zum tätigen Leben.«

Interessant ist auch, was er 1808 an seinen damals in Heidelberg studierenden Sohn August schrieb: »Es ist mir lieb, zu hören, daß Du Dich auch vor dem so sehr zur Gewohnheit gewordenen Getränk (dem Wein) in Acht nimmst, das mehr, als man glaubt, einem besonnenen, heiteren und tätigen Leben entgegen wirkt.«

Und Bismarck, der große Kanzler, hat nach Moritz Busch über das Bier sich dahin geäußert, daß es dumm, faul und impotent macht.

Daneben darf nicht außer acht gelassen werden, daß auch manche große Geister, Dichter, bildende Künstler, Komponisten, durch Alkoholexzesse nicht nur ihre Schaffenskraft geschmälert, sondern sich geradezu geistig und körperlich ruiniert und ihr Leben verkürzt haben.

Wir haben in Deutschland in den letzten Jahren wieder einige recht traurige Beispiele dieser Art erlebt, die Männer betrafen, deren frühzeitiger Heimgang von allen Gebildeten bedauert wurde und unserer Nation sicher erspart geblieben wäre, wenn die Betreffenden ihre Neigung für die feuchtfröhliche Geselligkeit besser gezügelt hätten.

Nicht minder wichtig als die hygienische ist die finanzielle Seite der Alkoholfrage. Es ergibt sich dies ohne weiteres aus der Tatsache, daß im Deutschen Reiche ungefähr 3½ Milliarden alljährlich für geistige Getränke verausgabt werden.[3] Das ist dreimal so viel als der so sehr beklagte Aufwand für Heer und Marine, und siebenmal so viel als die Kosten für die Unterhaltung der öffentlichen Schulen ausmachen. Auf den Kopf der Bevölkerung (63 Millionen) berechnet beträgt die Ausgabe für geistige Getränke 55 Mk. pro Jahr. Wenn man aber berücksichtigt, daß Kinder,

Frauen und Greise einen wesentlich geringeren Anteil am Alkoholkonsum haben als die erwachsene männliche Bevölkerung im Alter von 20–60 Jahren, wird man für letztere einen durchschnittlichen Jahresverbrauch für alkoholische Getränke von 80–90 Mk. annehmen müssen. An einzelnen Orten wie namentlich in München ist jedoch der durchschnittliche Aufwand für geistige Getränke seitens der erwachsenen männlichen Bevölkerung bedeutend höher.

Die ungeheueren Summen, welche der Alkohol verschlingt, werden jedoch nur zum kleinsten Teile von der Klasse der Reichen und Wohlhabenden aufgewendet, sie fließen in der Hauptsache aus den Taschen der großen Menge, der wenig Bemittelten und der Mittellosen, die sich einen solchen Luxus nicht gestatten können, ohne die Ausgaben für die wichtigsten Lebensbedürfnisse für Wohnung, Nahrung, Kleidung, in einer höchst bedauerlichen Weise herabzusetzen. Und unter dieser Herabsetzung haben die Betreffenden nicht nur selbst, sondern noch mehr deren Familien, Frauen und Kinder, zu leiden. Daß die alkoholischen Neigungen der Masse die Erzielung von Ersparnissen hochgradig erschweren, unterliegt ebenfalls keinem Zweifel. Allein der materielle Schaden, den der Alkoholkonsum unserem Volke zufügt, ist mit der oben angegebenen Summe keineswegs völlig dargetan. Dazu kommen die Verluste an Verdienst, die nicht nur durch die Trunksucht, sondern auch durch vorübergehende Alkoholexzesse verursacht werden, die Ausgaben für Verpflegung von Alkoholikern in Kranken- und Irrenanstalten und für die Unterstützung ihrer Familien, die materiellen Folgen der Straftaten, die von Alkoholikern begangen werden und der Unfälle, die auf den Alkohol zurückzuführen sind.

Wir können, wenn wir dies alles erwägen, nicht den geringsten Zweifel darüber hegen, daß der derzeitige Alkoholkonsum in Deutschland den Volkswohlstand wie die Volksgesundheit in gleich schwerer Weise schädigt. Aus dieser Sachlage ergibt sich, wie ich glaube, für Jeden, der Interesse an dem Gemeinwohl hat, die Verpflichtung, an dem Kampfe gegen die Trinksitten unseres Volkes durch Wort und Tat teilzunehmen. Was bisher durch die Bemühungen der Abstinentenvereine und der Vereine gegen den Mißbrauch geistiger Getränke erreicht wurde, ist zwar nicht ganz zu unterschätzen, aber doch im Verhältnis zu dem Nötigen nur sozusagen ein Tropfen auf eine glühende Platte. Wir dürfen nicht verkennen, daß die materielle Seite der Alkoholfrage sehr große Schwierigkeiten in sich schließt. Riesige Summen sind in den Alkoholgewerben angelegt, und die Regierungen gewinnen einen erheblichen Teil ihrer Steuereinnahmen aus dem Konsum alkoholischer Getränke. Es ist daher begreiflich, daß man bei dem Kampfe gegen die Trinksitten unseres Volkes auch mit mächtigen Gegnern zu rechnen hat, mit Gegnern, die zum Teil nicht aus Ueberzeugung, sondern ihres materiellen Vorteils halber der Antialkoholbewegung entgegentreten, sie lächerlich oder verächtlich zu machen suchen. Wenn wir bei der großen Masse eine entschiedene Besserung in bezug auf ihre Trinkgewohnheiten herbeiführen wollen, genügt nicht, wie man bisher zumeist glaubte, die Aufklärung durch Rede und Schrift. Die Kreise der Gebildeten und Bessersituierten müssen ein Beispiel geben, das erzieherlich auf die Masse wirkt. Wenn man heutzutage den Arbeitern Abstinenz oder wenigstens größere Mäßigkeit predigt, so hat man immer zu gewärtigen, daß auf die sogenannten besseren Stände hingewiesen wird, deren Angehörige neben den sonstigen sich ihnen bietenden Lebensgenüssen auch im Konsum geistiger Getränke sich ein reiches Maß gestatten. Da wird auch auf Sie, m. H., und auf Ihre Trinksitten hingewiesen. Sie dürfen daher nicht glauben, daß Ihr Beispiel für die Massen ohne Bedeutung ist. Sie repräsentieren die gebildete Jugend des Landes *par excellence* und haben daher die Aufgabe, als die künftigen Träger der Staatsgewalt und als Angehörige der höheren, der gelehrten Berufe, ein Vorbild für die Massen zu geben, ein Vorbild, das sie nicht in ihren Trinkgewohnheiten bestärken, sondern von denselben abbringen mag.

Ich eile zum Schlusse. Es würde mich zwar sehr freuen, wenn ich Sie Alle zur Alkoholabstinenz bekehren könnte, allein ich bin nicht so phantastisch und sanguinisch, um etwas derartiges zu erwarten. Meine Wünsche und Hoffnungen sind bescheidener. Ich würde es schon als einen sehr schönen Erfolg betrachten, wenn ich Sie dazu bestimmen könnte, der Alkoholfrage das Interesse zu schenken, das sie verdient, und Ihren Alkoholgenuß, wenn Sie schon von diesem nicht ganz lassen wollen, wenigstens so zu beschränken, daß durch denselben weder Ihre Arbeitskraft noch Ihre Gesundheit leidet. Sie müssen dabei, wie ich nicht verhehlen darf, vor allem auf den gewohnheitsmäßigen täglichen Genuß von Bier und Wein verzichten, Ihren Konsum auf einzelne Tage beschränken und in sehr bescheidenen Grenzen halten. Daß dadurch die Freuden der studentischen Geselligkeit geschmälert werden müßten, ist eine völlig ungerechtfertigte Annahme. »Jugend«, sagt Goethe, »ist Rausch ohne Wein«. Sie bedürfen nicht des verdummenden Einflusses der *Alcoholica*, um sich in eine gesellige Stimmung zu versetzen. Sie besitzen in Ihrer Jugend, Ihrer Bildung und Ihren freundschaftlichen Beziehungen zu gleichgesinnten Kameraden genügende Quellen geistiger Anregung. Sie müssen aber ferner in jenen Zeiten, in welchen besonders hohe Anforderungen an Ihre geistige Arbeitskraft gestellt werden, in der Zeit der Vorbereitung für ein Examen, sich des Alkoholgenusses dauernd und gänzlich enthalten. Es ist dies keine allzu schwere Aufgabe und eine Aufgabe, der Sie gerecht werden müssen, wenn Sie den Anforderungen Ihrer gegenwärtigen und künftigen Stellung genügen und Ihre Gesundheit ungeschmälert erhalten wollen. Sie dürfen eben nicht übersehen, daß die gemütlichen Zeiten des Studentenlebens schon lange vorüber sind. Auch der Student wird heutzutage von dem Kampf ums Dasein, von dem Drucke einer stetig sich steigernden Konkurrenz sehr bedeutend berührt. Die Fortschritte in allen Wissenschaften bedingen es, daß das wissenschaftliche Material, das der Student sich anzueignen hat, wächst, und damit die Prüfungsanforderungen zunehmen. Dazu kommen die mißlichen Verhältnisse, welche die enorme Überfüllung der gelehrten Berufe im Laufe der Jahre mit sich gebracht haben. In der gewaltig gesteigerten Konkurrenz hat der weniger Befähigte und weniger Unterrichtete ungleich geringere Chancen als früher, eine befriedigende Stellung zu erlangen.

Für die Juristen hat der den Bedarf weit übersteigende Nachwuchs bereits die Folge gehabt, daß Maßnahmen als notwendig erachtet wurden, die auf eine stärkere Auslese der Kandidaten durch die Examina abzielen. Nach verbürgten Nachrichten sollen diejenigen, welche die dritte Note im Staatskonkurs erhalten, künftig als durchgefallen gelten, was eine außerordentliche Verschärfung der Examensanforderungen bedeuten würde.[4] Sie sehen, daß große und in Zukunft noch steigende Ansprüche an Ihre Arbeitskraft gestellt werden und Sie daher allen Grund haben, diese als ein kostbares Gut zu betrachten, das Sie sich ungeschmälert erhalten müssen. Dies kann aber nur dadurch geschehen, daß Sie sich nicht mit der landläufigen Mäßigkeit in *alcoholicis* begnügen, sondern sich entweder zur Abstinenz oder wenigstens zu der von mir angedeuteten Beschränkung des Alkoholkonsums entschließen. Die Durchführung dieses Entschlusses erheischt jedoch etwas, was Viele von Ihnen noch nicht in genügendem Maße besitzen: das Freisein von Vorurteilen, die auch in den studentischen Kreisen noch allzusehr verbreitet sind, und eine gewisse moralische Festigkeit. Sie müssen sich von der Idee völlig losreißen, daß derjenige, der ungezählte Seidel hinunterstürzen kann, der richtige Mann ist, daß das scheinbare Vertragen eines großen Bierquantums ein Zeichen von Kraft und Männlichkeit bildet und die Beschränkung im Alkoholgenuß auf Unmännlichkeit und Schwäche hinweist. Es lastet noch, wie ich nicht verkennen will, wie ein Fluch auf dem deutschen Volke, daß man die Unmäßigkeit im Trinken nicht so ungünstig beurteilt, wie die im Essen, ja, daß man sie sogar vielfach noch als eine schätzenswerte Eigenschaft betrachtet, wenn ihr eine gewisse Trinkfestigkeit zur Seite steht. Von Ihnen darf ich nun wohl erwarten, daß Sie von diesen Vorurteilen sich gänzlich frei machen, durch den Anschein der Trinkfestigkeit sich nicht länger täuschen lassen und stets berücksichtigen: Nicht die Trinkfesten sind es, die den höchsten geistigen und körperlichen Anstrengungen gewachsen sind, sondern die Abstinenten und die im Alkoholgenuß sich sehr Beschränkenden. Sie werden, wenn Sie dies erwägen, auch allezeit die Festigkeit besitzen, den Grundsätzen, die Sie in der Alkoholfrage als die richtigen erkannt haben, treu zu bleiben, und auf deren Befolgung nicht aus irgendwelchen gesellschaftlichen Rücksichten zu verzichten. Sie werden Ihre Männlichkeit dadurch beweisen, daß Sie nicht wie der gemeine Haufe einfach mittun, wo getrunken wird, blos um keine Ausnahme zu machen und unliebsame Bemerkungen auf sich zu laden, sondern Ihren Standpunkt in der Alkoholfrage sowohl dem Einzelnen als der Masse gegenüber wahren, unbekümmert darum, was die Rückständigen und Versumpften von Ihnen halten mögen. Sie werden durch dieses selbstbewußte Vorgehen sich Achtung verschaffen, Ihre Zahl wird sich, wenn auch nur langsam, mehren, und allmählich wird es dahin kommen, daß Sie, die jetzt nur eine kleine Minorität in den studentischen Kreisen bilden, die Majorität erlangen und der Welt zeigen, daß die Fröhlichkeit des Studentenlebens nicht an den Gambrinusdienst gebunden ist. Sind aber einmal die Trinksitten der akademischen Jugend auf den Aussterbeetat gesetzt, dann kann eine Reform in bezug auf die Trinkgewohnheiten unserer ganzen gebildeten Gesellschaft nicht ausbleiben. Die Studierenden werden das, was sie in den Universitätsjahren geübt, in das praktische Leben hinübernehmen, und das Beispiel, das sie als Männer in den verschiedensten Lebensstellungen geben, wird vorbildlich auf die ganze gebildete Gesellschaft wirken. Dann, aber auch erst dann wird es möglich sein, jene Änderungen in den Trinkgewohnheiten der großen Masse, der unteren Volksschichten herbeizuführen, die im Interesse der Volksgesundheit und des Volkswohlstandes schon längst nötig gewesen wären.

9 789356 709669

Printed at Repro India Ltd.